Dieses Buch gehört

_____

Mein Name ist: _____

Meine Freunde nennen mich:_____

_____

_____

Hier wohne ich:

_____

Das will ich mal werden:

_____

So würde
ich mich selber malen

So lange kennen wir uns: _____

So haben wir uns kennengelernt:_____

_____

Mein Lieblingsflim / Serie: _____

_____

Das esse ich am liebsten: _____

_____

Unser lustigstes Erlegbnis: _____

_____

_____

Das mag ich an Dir: _____

_____

Das mag ich nicht an Dir: _____

_____

Das ist mein Lieblingssport: _____

In Zukunft werde ich _____ kg Eis mit dir essen

Mein Lieblingstier ist ein/e _____

Das wünsche ich Dir für die Zukunft:

_____

_____

So lange werden wir uns hoffentlic noch kennen:

_____ Jahre

Meine besten Freunde: _____

Das wollte ich dir schon immer
mal sagen:

_____

_____

Das spielen wir am liebsten draußen:

_____

_____

Mein größter Wunsch:

_____

_____

Ich bin ein riesen Fan von:

_____

_____

Ich kann...	Sehr gut	Gut	Ganz ok	Absolut nicht
malen	○	○	○	○
verstecken	○	○	○	○
fußball spielen	○	○	○	○
albern	○	○	○	○
turnen	○	○	○	○

Meine Unterschrift:

Mein Name ist: _____

Meine Freunde nennen mich: _____
_____
_____

Hier wohne ich:
_____

Das will ich mal werden:
_____

So würde
ich mich selber malen

So lange kennen wir uns: _____

So haben wir uns kennengelernt: _____
_____

Mein Lieblingsflim / Serie: _____
_____

Das esse ich am liebsten: _____
_____

Unser lustigstes Erlebnis: _____
_____
_____

Das mag ich an Dir: _____

_____

Das mag ich nicht an Dir: _____

_____

Das ist mein Lieblingssport: _____

In Zukunft werde ich _____ kg Eis mit dir essen

Mein Lieblingstier ist ein/e _____

Das wünsche ich Dir für die Zukunft:

_____

_____

So lange werden wir uns hoffentlic noch kennen:

_____ Jahre

Meine besten Freunde: _____

Das wollte ich dir schon immer
mal sagen:

_____

_____

Das spielen wir am liebsten draußen:

_____

_____

Mein größter Wunsch:

_____

_____

Ich bin ein riesen Fan von:

_____

_____

Ich kann...	Sehr gut	Gut	Ganz ok	Absolut nicht
malen	○	○	○	○
verstecken	○	○	○	○
fußball spielen	○	○	○	○
albern	○	○	○	○
turnen	○	○	○	○

Meine Unterschrift:

Mein Name ist: _____

Meine Freunde nennen mich: _____
_____
_____

Hier wohne ich:
_____

Das will ich mal werden:
_____

So würde
ich mich selber malen

So lange kennen wir uns: _____

So haben wir uns kennengelernt: _____
_____

Mein Lieblingsflim / Serie: _____
_____

Das esse ich am liebsten: _____
_____

Unser lustigstes Erlegbnis: _____
_____
_____

Das mag ich an Dir: _____

_____

Das mag ich nicht an Dir: _____

_____

Das ist mein Lieblingssport: _____

In Zukunft werde ich _____ kg Eis mit dir essen

Mein Lieblingstier ist ein/e _____

Das wünsche ich Dir für die Zukunft:

_____

_____

So lange werden wir uns hoffentlic noch kennen:

_____ Jahre

Meine besten Freunde: _____

Das wollte ich dir schon immer
mal sagen:

_____

_____

Das spielen wir am liebsten draußen:

_____

_____

Mein größter Wunsch:

_____

_____

Ich bin ein riesen Fan von:

_____

_____

Ich kann...	Sehr gut	Gut	Ganz ok	Absolut nicht
malen	◯	◯	◯	◯
verstecken	◯	◯	◯	◯
fußball spielen	◯	◯	◯	◯
albern	◯	◯	◯	◯
turnen	◯	◯	◯	◯

Meine Unterschrift:

Mein Name ist: _____

Meine Freunde nennen mich: _____
_____
_____

Hier wohne ich:
_____

Das will ich mal werden:
_____

So würde
ich mich selber malen

So lange kennen wir uns: _____

So haben wir uns kennengelernt: _____
_____

Mein Lieblingsflim / Serie: _____
_____

Das esse ich am liebsten: _____
_____

Unser lustigstes Erlegbnis: _____
_____
_____

Das mag ich an Dir: _____

_____

Das mag ich nicht an Dir: _____

_____

Das ist mein Lieblingssport: _____

In Zukunft werde ich _____ kg Eis mit dir essen

Mein Lieblingstier ist ein/e _____

Das wünsche ich Dir für die Zukunft:

_____

_____

So lange werden wir uns hoffentlic noch kennen:

_____ Jahre

Meine besten Freunde: _____

Das wollte ich dir schon immer
mal sagen:

_____

_____

Das spielen wir am liebsten draußen:

_____

_____

Mein größter Wunsch:

_____

_____

Ich bin ein riesen Fan von:

_____

_____

Ich kann...	Sehr gut	Gut	Ganz ok	Absolut nicht
malen	○	○	○	○
verstecken	○	○	○	○
fußball spielen	○	○	○	○
albern	○	○	○	○
turnen	○	○	○	○

Meine Unterschrift:

Mein Name ist: _____

Meine Freunde nennen mich: ____
_____
_____

Hier wohne ich:
_____

Das will ich mal werden:
_____

So würde
ich mich selber malen

So lange kennen wir uns: _____

So haben wir uns kennengelernt: _____
_____

Mein Lieblingsflim / Serie: _____
_____

Das esse ich am liebsten: _____
_____

Unser lustigstes Erlegbnis: _____
_____
_____

Das mag ich an Dir: _____

_____

Das mag ich nicht an Dir: _____

_____

Das ist mein Lieblingssport: _____

In Zukunft werde ich _____ kg Eis mit dir essen

Mein Lieblingstier ist ein/e _____

Das wünsche ich Dir für die Zukunft:

_____

_____

So lange werden wir uns hoffentlic noch kennen:

_____ Jahre

Meine besten Freunde: _____

Das wollte ich dir schon immer
mal sagen:

_____

_____

Das spielen wir am liebsten draußen:

_____

_____

Mein größter Wunsch:

_____

_____

Ich bin ein riesen Fan von:

_____

_____

Ich kann...	Sehr gut	Gut	Ganz ok	Absolut nicht
malen	○	○	○	○
verstecken	○	○	○	○
fußball spielen	○	○	○	○
albern	○	○	○	○
turnen	○	○	○	○

Meine Unterschrift:

Mein Name ist: _____

Meine Freunde nennen mich: _____
_____
_____

Hier wohne ich:
_____

Das will ich mal werden:
_____

So würde
ich mich selber malen

So lange kennen wir uns: _____

So haben wir uns kennengelernt: _____
_____

Mein Lieblingsflim / Serie: _____
_____

Das esse ich am liebsten: _____
_____

Unser lustigstes Erlegbnis: _____
_____
_____

Das mag ich an Dir: _____

_____

Das mag ich nicht an Dir: _____

_____

Das ist mein Lieblingssport: _____

In Zukunft werde ich _____ kg Eis mit dir essen

Mein Lieblingstier ist ein/e _____

Das wünsche ich Dir für die Zukunft:

_____

_____

So lange werden wir uns hoffentlic noch kennen:

_____ Jahre

Meine besten Freunde: _____

Das wollte ich dir schon immer
mal sagen:

_____

_____

Das spielen wir am liebsten draußen:

_____

_____

Mein größter Wunsch:

_____

_____

Ich bin ein riesen Fan von:

_____

_____

Ich kann...	Sehr gut	Gut	Ganz ok	Absolut nicht
malen	○	○	○	○
verstecken	○	○	○	○
fußball spielen	○	○	○	○
albern	○	○	○	○
turnen	○	○	○	○

Meine Unterschrift:

Mein Name ist: _____

Meine Freunde nennen mich:____
_____
_____

Hier wohne ich:
_____

Das will ich mal werden:
_____

So würde
ich mich selber malen

So lange kennen wir uns: _____

So haben wir uns kennengelernt:_____
_____

Mein Lieblingsflim / Serie: _____
_____

Das esse ich am liebsten: _____
_____

Unser lustigstes Erlegbnis: _____
_____
_____

Das mag ich an Dir: _____
_____

Das mag ich nicht an Dir: _____
_____

Das ist mein Lieblingssport: _____

In Zukunft werde ich _____ kg Eis mit dir essen

Mein Lieblingstier ist ein/e _____

Das wünsche ich Dir für die Zukunft:
_____
_____

So lange werden wir uns hoffentlic noch kennen:

_____ Jahre

Meine besten Freunde: _____

Das wollte ich dir schon immer
mal sagen:

_____
_____

Das spielen wir am liebsten draußen:

_____

_____

Mein größter Wunsch:

_____

_____

Ich bin ein riesen Fan von:

_____

_____

Ich kann...	Sehr gut	Gut	Ganz ok	Absolut nicht
malen	○	○	○	○
verstecken	○	○	○	○
fußball spielen	○	○	○	○
albern	○	○	○	○
turnen	○	○	○	○

Meine Unterschrift:

Mein Name ist: _____

Meine Freunde nennen mich: _____
_____
_____

Hier wohne ich:
_____

Das will ich mal werden:
_____

So würde
ich mich selber malen

So lange kennen wir uns: _____

So haben wir uns kennengelernt: _____
_____

Mein Lieblingsflim / Serie: _____
_____

Das esse ich am liebsten: _____
_____

Unser lustigstes Erlegbnis: _____
_____
_____

Das mag ich an Dir: _____

_____

Das mag ich nicht an Dir: _____

_____

Das ist mein Lieblingssport: _____

In Zukunft werde ich _____ kg Eis mit dir essen

Mein Lieblingstier ist ein/e _____

Das wünsche ich Dir für die Zukunft:

_____

_____

So lange werden wir uns hoffentlic noch kennen:

_____ Jahre

Meine besten Freunde: _____

Das wollte ich dir schon immer
mal sagen:

_____

_____

Das spielen wir am liebsten draußen:

_____

_____

Mein größter Wunsch:

_____

_____

Ich bin ein riesen Fan von:

_____

_____

Ich kann...	Sehr gut	Gut	Ganz ok	Absolut nicht
malen	○	○	○	○
verstecken	○	○	○	○
fußball spielen	○	○	○	○
albern	○	○	○	○
turnen	○	○	○	○

Meine Unterschrift:

Mein Name ist: _____

Meine Freunde nennen mich:_____
_____
_____

Hier wohne ich:
_____

Das will ich mal werden:
_____

So würde
ich mich selber malen

So lange kennen wir uns: _____

So haben wir uns kennengelernt:_____
_____

Mein Lieblingsflim / Serie: _____
_____

Das esse ich am liebsten: _____
_____

Unser lustigstes Erlegbnis: _____
_____
_____

Das mag ich an Dir: _____

_____

Das mag ich nicht an Dir: _____

_____

Das ist mein Lieblingssport: _____

In Zukunft werde ich _____ kg Eis mit dir essen

Mein Lieblingstier ist ein/e _____

Das wünsche ich Dir für die Zukunft:

_____

_____

So lange werden wir uns hoffentlic noch kennen:

_____ Jahre

Meine besten Freunde: _____

Das wollte ich dir schon immer
mal sagen:

_____

_____

Das spielen wir am liebsten draußen:

_____

_____

Mein größter Wunsch:

_____

_____

Ich bin ein riesen Fan von:

_____

_____

Ich kann...	Sehr gut	Gut	Ganz ok	Absolut nicht
malen	○	○	○	○
verstecken	○	○	○	○
fußball spielen	○	○	○	○
albern	○	○	○	○
turnen	○	○	○	○

Meine Unterschrift:

Mein Name ist: _____

Meine Freunde nennen mich: _____
_____
_____

Hier wohne ich:
_____

Das will ich mal werden:
_____

So würde
ich mich selber malen

So lange kennen wir uns: _____

So haben wir uns kennengelernt: _____
_____

Mein Lieblingsflim / Serie: _____
_____

Das esse ich am liebsten: _____
_____

Unser lustigstes Erlegbnis: _____
_____
_____

Das mag ich an Dir: _____

_____

Das mag ich nicht an Dir: _____

_____

Das ist mein Lieblingssport: _____

In Zukunft werde ich _____ kg Eis mit dir essen

Mein Lieblingstier ist ein/e _____

Das wünsche ich Dir für die Zukunft:

_____

_____

So lange werden wir uns hoffentlic noch kennen:

_____ Jahre

Meine besten Freunde: _____

Das wollte ich dir schon immer
mal sagen:

_____

_____

Das spielen wir am liebsten draußen:

_____

_____

Mein größter Wunsch:

_____

_____

Ich bin ein riesen Fan von:

_____

_____

Ich kann...	Sehr gut	Gut	Ganz ok	Absolut nicht
malen	○	○	○	○
verstecken	○	○	○	○
fußball spielen	○	○	○	○
albern	○	○	○	○
turnen	○	○	○	○

Meine Unterschrift:

Mein Name ist: _____

Meine Freunde nennen mich: _____
_____
_____

Hier wohne ich:
_____

Das will ich mal werden:
_____

So würde
ich mich selber malen

So lange kennen wir uns: _____

So haben wir uns kennengelernt: _____
_____

Mein Lieblingsflim / Serie: _____
_____

Das esse ich am liebsten: _____
_____

Unser lustigstes Erlegbnis: _____
_____
_____

Das mag ich an Dir: _____

_____

Das mag ich nicht an Dir: _____

_____

Das ist mein Lieblingssport: _____

In Zukunft werde ich _____ kg Eis mit dir essen

Mein Lieblingstier ist ein/e _____

Das wünsche ich Dir für die Zukunft:

_____

_____

So lange werden wir uns hoffentlic noch kennen:

_____ Jahre

Meine besten Freunde: _____

Das wollte ich dir schon immer
mal sagen:

_____

_____

Das spielen wir am liebsten draußen:

_____

_____

Mein größter Wunsch:

_____

_____

Ich bin ein riesen Fan von:

_____

_____

Ich kann...	Sehr gut	Gut	Ganz ok	Absolut nicht
malen	○	○	○	○
verstecken	○	○	○	○
fußball spielen	○	○	○	○
albern	○	○	○	○
turnen	○	○	○	○

Meine Unterschrift:

Mein Name ist: _____

Meine Freunde nennen mich:_____

_____

_____

Hier wohne ich:

_____

Das will ich mal werden:

_____

So würde
ich mich selber malen

So lange kennen wir uns: _____

So haben wir uns kennengelernt:_____

_____

Mein Lieblingsflim / Serie: _____

_____

Das esse ich am liebsten: _____

_____

Unser lustigstes Erlegbnis: _____

_____

_____

Das mag ich an Dir: _____

_____

Das mag ich nicht an Dir: _____

_____

Das ist mein Lieblingssport: _____

In Zukunft werde ich _____ kg Eis mit dir essen

Mein Lieblingstier ist ein/e _____

Das wünsche ich Dir für die Zukunft:

_____

_____

So lange werden wir uns hoffentlic noch kennen:

_____ Jahre

Meine besten Freunde: _____

Das wollte ich dir schon immer
mal sagen:

_____

_____

Das spielen wir am liebsten draußen:

_____

_____

Mein größter Wunsch:

_____

_____

Ich bin ein riesen Fan von:

_____

_____

Ich kann...	Sehr gut	Gut	Ganz ok	Absolut nicht
malen	○	○	○	○
verstecken	○	○	○	○
fußball spielen	○	○	○	○
albern	○	○	○	○
turnen	○	○	○	○

Meine Unterschrift:

Mein Name ist: _____

Meine Freunde nennen mich:_____
_____
_____

Hier wohne ich:
_____

Das will ich mal werden:
_____

So würde
ich mich selber malen

So lange kennen wir uns: _____

So haben wir uns kennengelernt:_____
_____

Mein Lieblingsflim / Serie: _____
_____

Das esse ich am liebsten: _____
_____

Unser lustigstes Erlegbnis: _____
_____
_____

Das mag ich an Dir: _____

_____

Das mag ich nicht an Dir: _____

_____

Das ist mein Lieblingssport: _____

In Zukunft werde ich _____ kg Eis mit dir essen

Mein Lieblingstier ist ein/e _____

Das wünsche ich Dir für die Zukunft:

_____

_____

So lange werden wir uns hoffentlic noch kennen:

_____ Jahre

Meine besten Freunde: _____

Das wollte ich dir schon immer
mal sagen:

_____

_____

Das spielen wir am liebsten draußen:

_____

_____

Mein größter Wunsch:

_____

_____

Ich bin ein riesen Fan von:

_____

_____

Ich kann...	Sehr gut	Gut	Ganz ok	Absolut nicht
malen	○	○	○	○
verstecken	○	○	○	○
fußball spielen	○	○	○	○
albern	○	○	○	○
turnen	○	○	○	○

Meine Unterschrift:

Mein Name ist: _____

Meine Freunde nennen mich: _____

_____

_____

Hier wohne ich:

_____

Das will ich mal werden:

_____

So würde
ich mich selber malen

So lange kennen wir uns: _____

So haben wir uns kennengelernt: _____

_____

Mein Lieblingsflim / Serie: _____

_____

Das esse ich am liebsten: _____

_____

Unser lustigstes Erlegbnis: _____

_____

_____

Das mag ich an Dir: _____

_____

Das mag ich nicht an Dir: _____

_____

Das ist mein Lieblingssport: _____

In Zukunft werde ich _____ kg Eis mit dir essen

Mein Lieblingstier ist ein/e _____

Das wünsche ich Dir für die Zukunft:

_____

_____

So lange werden wir uns hoffentlic noch kennen:

_____ Jahre

Meine besten Freunde: _____

Das wollte ich dir schon immer
mal sagen:

_____

_____

Das spielen wir am liebsten draußen:

_____

_____

Mein größter Wunsch:

_____

_____

Ich bin ein riesen Fan von:

_____

_____

Ich kann...	Sehr gut	Gut	Ganz ok	Absolut nicht
malen	○	○	○	○
verstecken	○	○	○	○
fußball spielen	○	○	○	○
albern	○	○	○	○
turnen	○	○	○	○

Meine Unterschrift:

Mein Name ist: _____

Meine Freunde nennen mich:_____
_____
_____

Hier wohne ich:
_____

Das will ich mal werden:
_____

So würde
ich mich selber malen

So lange kennen wir uns: _____

So haben wir uns kennengelernt:_____
_____

Mein Lieblingsflim / Serie: _____
_____

Das esse ich am liebsten: _____
_____

Unser lustigstes Erlegbnis: _____
_____
_____

Das mag ich an Dir: _____

_____

Das mag ich nicht an Dir: _____

_____

Das ist mein Lieblingssport: _____

In Zukunft werde ich _____ kg Eis mit dir essen

Mein Lieblingstier ist ein/e _____

Das wünsche ich Dir für die Zukunft:

_____

_____

So lange werden wir uns hoffentlic noch kennen:

_____ Jahre

Meine besten Freunde: _____

Das wollte ich dir schon immer mal sagen:

_____

_____

Das spielen wir am liebsten draußen:

_____

_____

Mein größter Wunsch:

_____

_____

Ich bin ein riesen Fan von:

_____

_____

Ich kann...	Sehr gut	Gut	Ganz ok	Absolut nicht
malen	○	○	○	○
verstecken	○	○	○	○
fußball spielen	○	○	○	○
albern	○	○	○	○
turnen	○	○	○	○

Meine Unterschrift:

Mein Name ist: _____

Meine Freunde nennen mich: _____
_____
_____

Hier wohne ich:
_____

Das will ich mal werden:
_____

So würde
ich mich selber malen

So lange kennen wir uns: _____

So haben wir uns kennengelernt: _____
_____

Mein Lieblingsflim / Serie: _____
_____

Das esse ich am liebsten: _____
_____

Unser lustigstes Erlegbnis: _____
_____
_____

Das mag ich an Dir: _____

_____

Das mag ich nicht an Dir: _____

_____

Das ist mein Lieblingssport: _____

In Zukunft werde ich _____ kg Eis mit dir essen

Mein Lieblingstier ist ein/e _____

Das wünsche ich Dir für die Zukunft:

_____

_____

So lange werden wir uns hoffentlic noch kennen:

_____ Jahre

Meine besten Freunde: _____

Das wollte ich dir schon immer
mal sagen:

_____

_____

Das spielen wir am liebsten draußen:

_____

_____

Mein größter Wunsch:

_____

_____

Ich bin ein riesen Fan von:

_____

_____

Ich kann...	Sehr gut	Gut	Ganz ok	Absolut nicht
malen	○	○	○	○
verstecken	○	○	○	○
fußball spielen	○	○	○	○
albern	○	○	○	○
turnen	○	○	○	○

Meine Unterschrift:

Mein Name ist: _____

Meine Freunde nennen mich: _____

_____

_____

Hier wohne ich:

_____

Das will ich mal werden:

_____

So würde
ich mich selber malen

So lange kennen wir uns: _____

So haben wir uns kennengelernt: _____

_____

Mein Lieblingsflim / Serie: _____

_____

Das esse ich am liebsten: _____

_____

Unser lustigstes Erlegbnis: _____

_____

_____

Das mag ich an Dir: _____

_____

Das mag ich nicht an Dir: _____

_____

Das ist mein Lieblingssport: _____

In Zukunft werde ich _____ kg Eis mit dir essen

Mein Lieblingstier ist ein/e _____

Das wünsche ich Dir für die Zukunft:

_____

_____

So lange werden wir uns hoffentlic noch kennen:

_____ Jahre

Meine besten Freunde: _____

Das wollte ich dir schon immer
mal sagen:

_____

_____

Das spielen wir am liebsten draußen:

_____

_____

Mein größter Wunsch:

_____

_____

Ich bin ein riesen Fan von:

_____

_____

Ich kann...	Sehr gut	Gut	Ganz ok	Absolut nicht
malen	○	○	○	○
verstecken	○	○	○	○
fußball spielen	○	○	○	○
albern	○	○	○	○
turnen	○	○	○	○

Meine Unterschrift:

Mein Name ist: _____

Meine Freunde nennen mich:_____
_____
_____

Hier wohne ich:
_____

Das will ich mal werden:
_____

So würde
ich mich selber malen

So lange kennen wir uns: _____

So haben wir uns kennengelernt:_____
_____

Mein Lieblingsflim / Serie: _____
_____

Das esse ich am liebsten: _____
_____

Unser lustigstes Erlegbnis: _____
_____
_____

Das mag ich an Dir: _____

_____

Das mag ich nicht an Dir: _____

_____

Das ist mein Lieblingssport: _____

In Zukunft werde ich _____ kg Eis mit dir essen

Mein Lieblingstier ist ein/e _____

Das wünsche ich Dir für die Zukunft:

_____

_____

So lange werden wir uns hoffentlic noch kennen:

_____ Jahre

Meine besten Freunde: _____

Das wollte ich dir schon immer
mal sagen:

_____

_____

Das spielen wir am liebsten draußen:

_____

_____

Mein größter Wunsch:

_____

_____

Ich bin ein riesen Fan von:

_____

_____

Ich kann...	Sehr gut	Gut	Ganz ok	Absolut nicht
malen	○	○	○	○
verstecken	○	○	○	○
fußball spielen	○	○	○	○
albern	○	○	○	○
turnen	○	○	○	○

Meine Unterschrift:

Mein Name ist: _____

Meine Freunde nennen mich: ____
_____
_____

Hier wohne ich:
_____

Das will ich mal werden:
_____

So würde
ich mich selber malen

So lange kennen wir uns: _____

So haben wir uns kennengelernt: _____
_____

Mein Lieblingsflim / Serie: _____
_____

Das esse ich am liebsten: _____
_____

Unser lustigstes Erlegbnis: _____
_____
_____

Das mag ich an Dir: _____

_____

Das mag ich nicht an Dir: _____

_____

Das ist mein Lieblingssport: _____

In Zukunft werde ich _____ kg Eis mit dir essen

Mein Lieblingstier ist ein/e _____

Das wünsche ich Dir für die Zukunft:

_____

_____

So lange werden wir uns hoffentlic noch kennen:

_____ Jahre

Meine besten Freunde: _____

Das wollte ich dir schon immer
mal sagen:

_____

_____

Das spielen wir am liebsten draußen:

_____

_____

Mein größter Wunsch:

_____

_____

Ich bin ein riesen Fan von:

_____

_____

Ich kann...	Sehr gut	Gut	Ganz ok	Absolut nicht
malen	○	○	○	○
verstecken	○	○	○	○
fußball spielen	○	○	○	○
albern	○	○	○	○
turnen	○	○	○	○

Meine Unterschrift:

Mein Name ist: _____

Meine Freunde nennen mich: _____
_____
_____

Hier wohne ich:
_____

Das will ich mal werden:
_____

So würde
ich mich selber malen

So lange kennen wir uns: _____

So haben wir uns kennengelernt: _____
_____

Mein Lieblingsflim / Serie: _____
_____

Das esse ich am liebsten: _____
_____

Unser lustigstes Erlegbnis: _____
_____
_____

Das mag ich an Dir: _____

_____

Das mag ich nicht an Dir: _____

_____

Das ist mein Lieblingssport: _____

In Zukunft werde ich _____ kg Eis mit dir essen

Mein Lieblingstier ist ein/e _____

Das wünsche ich Dir für die Zukunft:

_____

_____

So lange werden wir uns hoffentlic noch kennen:

_____ Jahre

Meine besten Freunde: _____

Das wollte ich dir schon immer
mal sagen:

_____

_____

Das spielen wir am liebsten draußen:

_____

_____

Mein größter Wunsch:

_____

_____

Ich bin ein riesen Fan von:

_____

_____

Ich kann...	Sehr gut	Gut	Ganz ok	Absolut nicht
malen	○	○	○	○
verstecken	○	○	○	○
fußball spielen	○	○	○	○
albern	○	○	○	○
turnen	○	○	○	○

Meine Unterschrift:

Die Verbotene Strichliste

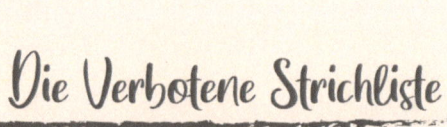

(setze einen Strich, falls diese
Aussage auf dich zutrifft!)

Ich habe dir schonmal ein Stift geklaut

Ich bin in dich verliebt

Ich möchte gerne ein Eis mit dir essen gehen

Ich finde, du bist echt toll!

Made in United States
Orlando, FL
10 December 2023

40595261R00035